CAMINOS DE VIDA

Javier Soler Navarrete

COLECCIÓN ITES

CAMINOS DE VIDA

© Javier Soler Navarrete
© Revisado y corregido por Míriam Villares
© de esta edición: Olé Libros, 2024

ISBN: 978-84-10053-89-2
Depósito legal: V-4329-2024
Impreso en España

KALOSINI, S. L.
Grupo editorial olélibros
equipo@olelibros.com
www.olelibros.com

A quienes caminan, aun con los pies cansados,
sin dejar a nadie atrás.
Y a las personas que me enseñaron a caminar.

NOTA DEL AUTOR

¿Qué es caminar? Según la RAE (Real Academia Española) *caminar* es andar determinada distancia. Según Google, es andar de un lugar a otro, especialmente si se sigue una ruta definida. Si sigues buscando, encontrarás muchos matices y conceptos diferentes. Pero en lo que coinciden todas las definiciones es en que caminar implica avance, movimiento, cambio, un destino y un camino.

Pero vamos a tratar de no ser tan literales y exprimir más el concepto de caminar. Y es que es la analogía perfecta de una vida. Tiene los tropiezos, el aprendizaje y el objetivo. Puedes caminar en solitario o con compañía y, lo más importante de todo, tiene un destino claro.

El concepto de *caminar* está íntimamente relacionado con el arte, con la vida y con la muerte. Es por eso que tanto artistas como políticos o deportistas enfocan sus enseñanzas a través de dicha analogía.

Alfred Tennyson escribió en uno de sus poemas: «Yo soy una parte de todo aquello que he encontrado en mi camino». El propio Abraham Lincoln dijo esto: «Voy despacio, pero jamás desandando lo andado». Incluso Bruce Lee dijo que debías «tener el no camino como camino y la no limitación como limitación».

Pues bien, ahora que comprendemos la vida como un camino y yo no soy ni un artista, ni un político ni un deportista, es el momento de presentarme y presentarte lo que estás leyendo.

7

Soy Javier Soler, en el momento que escribo esto tengo veintiséis años y un miedo atroz a hablar sobre mis sentimientos. Es debido a él que encontré mi vocación trabajando con personas. Tratando de hacer su vida más alegre y aprendiendo de su naturalidad.

Desde pequeño siempre he disfrutado de reflexionar sobre las cosas que me rodean y, sobre todo, de jugar. Y este libro que estás leyendo es lo más cerca que puedo estar de juntar ambas pasiones. Y es que, en lo que respecta a la obra que estás leyendo, solo puedo decirte que, si la vida es un camino, estos poemas son fragmentos del mío.

Son huellas y marcas que, a día de hoy, inundan mi piel. Son las lágrimas que me han bañado y las montañas que, con la boca abierta, he contemplado. Las que he escalado y las que no. Son las risas antes de dormir con el cielo como sábana o la contaminación como somier. Lo que tienes en tus manos es un trozo de mí y, ¿quién sabe?, quizá sea un trozo de ti.

Cada camino es una experiencia y cada experiencia es diferente. Por lo que, si decides seguir leyendo, te pido que andes este camino a tu manera, jugando. Sin explicaciones de los versos y sin contexto ninguno. Te invito a escribir un título en cada página y a ser lo más creativo posible. Tú marcas el paso y el destino.

Estas páginas son parte de mi camino y ahora también son parte del tuyo.

I

Para ti,
lector inanimado que huye de la casualidad.
Para ti,
el arte es holgazán, vaga.
Es el trotamundos que tanto tiene que tantear.
Es del titiritero que trata de tontear con una vida infante.

Para ti,
culturalmente pasivo, que huye del sentimiento.
Para ti,
el arte es recta, igualitaria.
Es el cuentacuentos que cada cosa trata de cambiar.
Es del crédulo que corea a coro con una vida inexistente.

Para ti,
lector odioso que huye de la belleza.
Para ti,
el arte es engañosa, falsa.
Es el paripé que pelea por la falsedad.
Es del *paparazzi* que persigue lo perdido
por una vida perdida.

Para ti,
lector personal que huye del huir.
Para ti,
el arte es perfecta, viva.
Es el sutil deseo que suena al soñar.
Es del soñador que sabe sentir con una vida soñada.

Pero ¿qué es el arte?
Para mí,
el arte es el instante en esos ojos.

[28 de agosto de 2015]

II

Pues nunca vi a un oso polar
derritiendo los polos de lima limón
ni a un insecto obligando a otro
a coger su algodón de azúcar.

Tampoco vi al erizo
prendiendo la mecha de su arbusto
ni a las estrellas
tapándose por vergüenza al suelo.

Jamás vi al topo
pelear por golosinas de kilates
ni al león
negarle su almuerzo al compañero.

Nunca vi al pulpo
manchar de negro sus mares
ni a la hormiga
escupir en sus túneles.

Jamás vi al jabalí
cortar sus árboles
ni al rey mono
construir pantanos.

No vi a los corceles blancos
empujar a los ponis
ni a los elefantes
dispararse flechas de cupido a la cabeza.

Porque nunca vi al cocodrilo
hacerse sastre
ni al perezoso
con jornada laboral.

No vi al pájaro loco
picar cabezas
ni a Bambi
disparar a su madre.

Por desgracia,
al mirar entre las calles
y al cielo marrón,
veo que el peor ser
es el humano.

[9 de diciembre de 2015]

III

Mi mamá dice
que la vida es como una caja de bombones
en la que siempre te acaban comiendo.
Que las calles son rediles
y que el reloj que nos ordena
es nuestro caos.

Que los versos
no debían de ser tan buenos
cuando hasta Neruda murió
y ante la duda estará Google.

Sabemos que el roce hace el cariño
y por eso creamos la sobrepoblación,
que no hay que ser racistas
y por eso extrajimos el petróleo.
Que la risa es la mejor medicina
y creamos los medios de comunicación.

Creamos la escritura para contratos temporales
y los coches para llegar antes al estrés,
el alcohol y la maría para sentirnos el eje
de un mundo que da vueltas
y los *piercings* para tener algo dentro.
Llegamos a la luna para evadirnos de la rutina
y jugamos con el átomo a los legos.

En un mundo donde el balón
acabará siendo de cristal
para reflejar al futbolista.

En un mundo donde las pupilas
acabarán opacas
para reflejar la ilusión.
¿Vivimos?

Donde andar de la mano es posesión
y el espacio es compartido.

Donde hay cárceles dementes
y muchas mentes en cárceles.
Donde la cadena va por wifi
y nuestro amor es 4G.

[30 de abril de 2016]

IV

Yo quería
entender que las lenguas se retiran,
quería soñar con despertar
y escribir mis versos en la piel.

Quería elevar la poesía
al olimpo de los dioses muertos,
seguir otros senderos
y hacer madurar a Peter Pan.

Quería mirar a las flores con sus ojos
y arrancarte los pétalos de Zara,
perderme entre tus lágrimas
y descubrirme en ti.

Quería poner la voz a las favelas
y quemar los rascacielos
construidos para ver llover
la injusticia.

Quería limar asperezas con la muerte,
jugar una partida de póker
y echarme un farol
con una mano de miedo.

Quería convertirme en lobo por tener una manada
y en árbol por sentir unas raíces.
Intenté escribir un mensaje permanente con acuarelas
y patentar la idea de pensar.

Me oculté entre críticas de acero por no criticar al crítico,
ponerle una estrella al hotel de mis palabras.
Pero quería.

Quería atrapar a mis hadas y emborrachar al duende,
recuperar el sabor de la lima limón
y de aquella piscina hinchable.
Hablar con los pájaros para ver sierras inauditas
y ser una agenda de viaje sin precio
pero con beneficio.

Quería ser lo bohemio de lo bohemio,
vivir en una casa sin paredes,
sentir el mundo mío y saludar
a cualquier alma que se preste a una reverencia.

Quería ser alguien y no supe salir de Cuba,
quería ser secano para no ahogarme entre litros,
quería ser del pueblo, pero mirando en mi escalera
y robarle a la luna el tiempo para entender a mi pluma
como astro.

Pero no, no soy el soñador que nació de un sueño
ni el tocado por la pluma de Baco ni su vino,
no soy la roca de mi madre ni el caminante que hace camino.

No soy la oveja negra ni un revolucionario radical,
más bien soy un gatito sin encanto
o un perro callejero que no sabía callejear.

Soy el pobre entre los ricos y un espíritu que no sabe mentir,
soy la lágrima forzada y la risa de novela,
soy un actor con exceso de práctica,
unas gafas de sol para mirar tus ojos.

Soy la cal de aquella casa
y el recuerdo de la infancia,
soy un intento de lo que debí,
un casi de estar contigo.

Soy un intento de poeta y un corazón cosido por moda.

[1 de mayo de 2016, 17:42]

V

Naciste mariposa en la primavera redonda.
Bella y sutil, pero poderosa.
Con tus pasos escarabajo
aprendí el camino y nutrí mi suelo
y mi sueño.

Dormí con el mecer del canto de un pájaro
y mis pesadillas se tornaron sueños
o realidades según su especie.

Quise perderme en tus ríos
y encontrarme en tus cinco rutas tan rectas
que con su curva no tienen final.

Me quemé y congelé por tus cambios,
marcaste el compás del latir del lobo
o el cachorro.

Lloré viendo las lágrimas de ángel en el cielo
y las huellas del gigante bajo mis pies.
Encontré vida en el SOL y MI piel
se tornó gallina por su calor.

Me diste respuestas abiertas
a preguntas concretas
y secaste mis lágrimas
con un diluvio de tu magia.

Sinuosa y celeste, soñé con ser parte de tu aurora
y me quedé como mero espectador, pero
¿qué puedo hacer?

Si en Austria murió el año
mientras siglos después en Estados Unidos
murió el viento del sentimiento porque dejaste de soplar.
Y en tierra de osos el rey dejó su corona.
¿O no?

Un sonido ajeno que no dejó pedir ayuda
y ahogó a nuestro submarino
sin siquiera llegar a imaginarlo
años después.

Pasó el tiempo y mostraste tu enfado,
marchándote al nirvana,
mientras dejas todo perdido.

Nos llevaste sobre el arcoíris
o directamente
de camino al infierno.

Mientras en antros ilegales
las porras intentaron callar tu magia
y pintaron de rojo el negro.
Pero sigues presente tras nuestros muros
y en nuestras mentes,
en las habitaciones inertes de personajes
que lloran por encontrarte
y en los pies de la montaña marcando cimas.

Tú,
que estás en cualquier 8000
y que perdonas nuestros golpes
mientras golpeas tus membranas
haciendo más que cualquier médico.

Porque el rey león no murió solo
y todos vimos el humo sobre tus aguas,
todos disparamos aquel gatillo
mientras queríamos ser libres
observando a la reina.

Y aun siendo hora de decir adiós
y ponerle punto final a esta carta a una amiga.

Queda decir que
solo llamé para decirte «te quiero».

[21 de septiembre de 2016, 10:14]

VI

Dime que deje de andar
Que no busque más el mar
No soy pirata, sino el ron de sus riñones
Sé quemar, solo quemar.

Dime que deje esto, porque quiero,
Pero no sé vivir de otra manera
Dime que me quite las botas
Y note la tierra en mis pies.

Dime que no perdí otra vez la salida
Que no me equivoqué de ruta
Dime que no bebí con la soledad
En una taberna bajo el agua.

Sé que no he cerrado mis heridas,
Pero mi barco surca sobre esa sangre
Sé que no sé saber
Porque me da miedo estudiarme.

Sé que una mariposa no puede volar con mucho viento
y soy viento, soy v i e n t o .

Dime que no tengo ruedas para que deje de rodar
Dime que es mi casa, mi árbol, para que me deje de copas
Años bisiestos y un día más para no ver
La risa a veces es la lágrima más sonora.

No sé quién soy, solo sé que no soy con nadie.

Quizá el malabarista que tira su vida a las alturas
esperando recogerla.

Quizá el payaso que maquilla sus mejillas
para engañar a su espejo.

Quizá sea el presentador que grita
para no oír sus sollozos.

Dime que no lancé, que no maquillé, que no grité.

Más vale pájaro en mano,
pero no hay nadie que quiera cogerme.
Nadie quiere el tornado en su salón
Ni que llueva sin nubes.
Nadie quiere un vinilo que no sepa sus temas
Ni un póster que erosione la pared
Dime que no escriba
Que deje esa tinta para ponerla en tu piel
Que pierda los papeles
Para escribirlos contigo.

Dime que deje de viajar
Y caerme por el precipicio de mis folios
Que deje de escribir con agua y limón
Una vida que no da limones.

Dime que olvide olvidar
Entre el tejido de los dioses
Que existen palabras más grandes
Que mis diccionarios.

Dime lo que quieras y oblígame a escuchar
Dime lo que soy y aléjame del boli
Oblígame a despertarme cada día
Para que no brinde con la noche
Ata este peso ligero
Para que no se vaya con el tiempo.

¿Pero qué digo?
Dime la verdad y dime
que no has dejado de decírmelo.

Ojalá apagase mi hoguera
porque quemo la leña que me calienta.

Ojalá dejara de volar
porque el viento no acompaña.

Ojalá dejara de andar
o aprendiese a compartir caminos de vida.

[3 de marzo de 2017, 11:54]

VII

Silencios que provocan seísmos y
palabras que calman a un caimán.
Un camino claro pero oscuro,
un camino que no quiero recorrer.

Quiero volver atrás y perderme con las
piedras antes de la montaña.
Quiero volver al vernos y querer querer.
Quiero dejar una carta al pasado y
firmarla con la arena del reloj.
Quiero vivir el camino que anduve.

Pero no es mi camino.

No hay líneas rectas hacia el precipicio.
Y no hay prisa cuando sale el sol.
Sí, la caída quizá sea larga
o quizá no sea, pero sssshhhh.

Silencios que provocan seísmos y
abrazos que abrazan al tigre.
Tantas cosas que decir,
pero las señales están puestas.

Y no supe de rediles, pero sí de pastor.
Vi que el cerdo está más gordo
justo en la puerta del matadero.
Y, aunque intente meter tripa
y el encariñado empuja,

suena sssshhhh.

Silencios que provocan seísmos,
ojos que congelan al león.

Sé de huellas en la tierra,
pero no antes de pisar.
Sé de ti y de mí.
Sé que soy yo más allá del yo.

Y tictac,
espero oír mi nombre en la sala de espera
sin querer oír mi nombre por no saber la enfermedad,
pero deseando que la doctora acabe su jornada.
Se merece un descanso.
Y sé de huellas, pero no mientras piso.
Camina caminante, pero quizá sea otro paso.

Palabras que decir, pero sssshhhh.

Silencios que provocan seísmos,
labios que relajan al lobo.

No sé nada,

solo sé que quiero saber de ti
y esos silencios acentúan las respuestas mudas,
sus seísmos destrozan la pluma,
pero quiere seguir escribiendo.
Y quiere los seísmos.

Mientras siente que las ondas se alejan,
que el epicentro cambió de parecer.

En las historias sobrevive el secundario,
pero aplaudirán el tesoro aun sin poder cogerlo.

créditos
créditos
créditos

Primera escena, plano secuencia, ojalá no termine
la cinta,
pero sssshhhh.

Silencios que provocan seísmos
y personas que merecen ser felices.

[2 de mayo de 2017, 22:49]

VIII

¿Qué puedes esperar de mí?
Que no soy de calle, pero aquí no hay baldosa
que no tenga mi huella.
Que soy de dar el cien esperando un doscientos
y de callar esperando ser escuchado.

¿Qué puedes esperar de mí?
Si soy fuego quemando el bosque que
me da de respirar
y soy agua llevando la basura a la costa.

¿Qué puedes esperar del que no sabe esperar?
Del veneno sonriente de mi verso
y del tóxico tictac de mi reloj inexistente.

¿Qué puedes esperar de mí?
Si la luna ya esperó
y ya no quiere ver al sol.

Si la luz se cansó
de ser seguida por la sombra
y al budismo le duelen las rodillas.

¿Qué puedes esperar del que asimila qué no es esperar?
Y solo quiere ver llegar la risa
mientras huye el tiempo.

Y no espero que me esperes
y no pretendo esperar,
esperando, entendí que no es la espera
sino el camino y quiero caminarlo
al ritmo de las pausas y las lágrimas felices.

¿Qué puedes esperar de mí?
Si no tienes que esperar nada
y yo solo quiero dejar esperando esas sombras
y reír junto a la luna.

Dejar esta espera a un lado
y seguir el camino
disfrutando de no esperar,
sino vivir.

[3 de junio de 2017, 13:11]

IX

Ojalá pudiera contarte cuántas estrellas
he contado en la terraza de tu voz.
Y cuántas sonrisas he provocado
deseando que las vieses.

Me encantaría narrarte
porque en la parada del autobús ya no paran mis ojos.
Y porque disfruto de que el tiempo pase
mientras añoro que se hubiera detenido.

Que mi voz te llorase las lágrimas lloradas
y mis gestos me hicieran reír con tu risa.
Soñar con saber tus sueños
y entregarte en descripciones una muesca en mi arma.

Más profunda, más extraña.

Quisiera poder mostrar las cartas que me hacen importante
sin que tú escondas tu mano
y poder brindar con ella
a la luz de mis faroles.

Añoro colarme sin ser invitado
y aburrirte con mis batallas de paz.
Contarte todo sobre mi luz y la sombra que la envuelve,
dejarme hipnotizar por aquella que me sigue alumbrando.

Sí, a la luz de esta lumbre
me encantaría no contar estrellas fugaces
para fugarme y escuchar
cómo cuentas estrellas.

[12 de agosto de 2017, 22:28]

X

Con colores de banderas entintados con permanente mojado
y banderas pirata sin libertad ni navío.

¿Quién cortó las alas imperiales que
antaño permitieron resistir el vuelo
y ahora solo agilizan la caída?

Personas de lágrimas negras
que no lloran por no perder verdes.
Pingüinos sin extinción
que descongelan el mundo con su corazón de hielo.

Poetas de caracteres limitados
sin carácter.
Cazadores de miradas, codiciosos
de palabras y su propia falsedad.

Hoy su sonrisa está triste aunque sonríe
y comparte sus lágrimas de sueños
con un parpadeo ficticio.
Porque al final el mundo olerá al mismo cadáver.

En las mejores terrazas de París también comen las palomas.

[4 de octubre de 2017, 11:33]

XI

Hoy te vas, ¿no?
Sabía que el camino se bifurca, pero
hoy te vas, ¿no?

Es el momento de buscar refugio
y colgar marcos en la pared.
Para revivir momentos que nunca
pasarán de nuevo.
Fases del camino entre las cenizas del fuego.

Ojalá que el invierno no sea muy duro,
ojalá caminar de nuevo.

Pero hoy te vas y no sé si decir adiós
o señalarte algún punto del mapa
y preguntarte «¿te vas?».

[15 de febrero de 2018, 11:31]

XII

Quiero vivir de todo
cazando ogros ninfómanos, taladrando ignorantes gnomos otomanos.

Y, aunque no crea en el
amenazante mover ortopédico y ruidoso,
hoy entiendo de lo que hablan.

Contigo ya no hay
terremotos inertes empujando muchedumbres pobres y oscuras.
Es como si por primera vez fuese
funambulista efímero, longevo, idiota y zascandil.

Solo quiero decir que te
quemo ubicadas estatuas rotas ocasionalmente.

El juego de tus labios,
las cosas que nunca te dije.

[23 de marzo de 2018, 20:23]

XIII

¿Qué por qué hago esto?
Ojalá poder decirte.
No sé si es por ti,
por el beso que me diste.
Por el ego de este triste
trompetista sin talento
o el talento de mi triste fraseo
al tiempo.

Solo sé que lo hago, sé que lo quiero.
Que en cada letra muero y me siento aventurero.
Explorando tierras nuevas, ignorando lo que veo.
Volando en el folio y persiguiendo al lapicero.

Solo sé que mi torre de marfil se me derrumba.
Que habito el lado más oscuro de la luna,
que mi pluma está desnuda y mi musa muy vestida.
¿Es la sombra que perturba o el pintor que la admira?

Y es que tengo un altavoz justo al lado de mi cama
para, cuando me desvele, llamarte por la ventana.
Jugar a desnudarnos tras letras improvisadas.
Las caricias como base y como frases las miradas.

¿Qué por qué digo esto?
Ojalá poder hacerlo.
Sé que es por ti,
por el beso que me diste.
Por el ego de este triste
trompetista sin talento
y el talento de mi triste fraseo
al tiempo.

[15 de abril de 2020, 07:54]

XIV

Abro el armario. ¿O lo abrí ayer?
Ayer acabé comiendo la comida de mañana.
Como, comí, comeré.

Hoy mi sudadera huele a bambú
con matices de presente.
No tengo ropa que huela a futuro.
Agarro mi mochila llena de sueños rotos
y roturas a base de golpes.
Hoy saldré a las calles de Pangea.

Escucho en mi cabeza poderosas voces
pútridas, ignorantes.
Pero subo el volumen.
A cada paso desprendo un rayo de
inseguridad sosegada.
Pero aprieto el nudo.

Estoy llegando a la pirámide
cuya cúspide brilla solitaria.
El brillo de mi vecino es más opaco.
No lo veo, no lo siento, no lo escucho.
Pero no quiero verlo, no quiero sentirlo, no quiero escucharlo.
Suena una alarma que relaja.

Hoy como. ¿O comí ayer?
Ayer acabé abriendo el armario de mañana.
Abro, abrí, abriré.

La vida está mala para mí.
No para ellos.
Porque lo mío es vida.
El tiempo está apretado para mí.
No para ellas.
Porque lo mío es tiempo.

Llego a mi portal, quiero silencio.
Hoy he reído demasiado.

Cierro los ojos. ¿O los cerré ayer?
Ayer acabé despertándome en el mañana.
Despierto, desperté. ¿Despertaré?

[16 de abril de 2020, 08:23]

XV

Colpeja, tan salvatge com pot.
La terra d'una ànima adolescent que emmalalteix de llibertat.
Batega, tan eufòrica que crema…
l'esperança d'un pres que renuncia a morir en aquest sòl.

Una fugida en caravana
per a donar caça a una lluna esmunyedissa.

Llengües embullades entre amor i por.
Però dis-me En què es diferencien?
Si l'amor és el desig i només desitge desitjar mes desitjar-ho em fa por.

Silenci, ocells, silenci.

En aquest palau de pilars podrits,
de paraules prohibides.
de bancs tremolosos
i núvols d'amoníac.

S'oculten podridures.
Es neguen prohibicions.
es lliguen els tremolors
i només s'espera el sol.

Però ja no hi ha temps de volar.
La terra rugeix mentre creme el meu passat per una molla de present.
Xicotet follet, amb el que vas ser.
Un lleó solitari que creia tindre ramat però regalava el seu menjar.
Vas ser noble.

La forca estreny i en la lluentor dels meus ulls
es reflecteix una valència càlida
alegre i encantada.

Vaig ser temps, vaig ser huracà.
Vaig ser l'horta en un estiu
i la muntanya en un hivern.

Paraules mai dites,
paraules de mes.
Un cor sense força i
una força sense control.

Soroll, cotxes, soroll.

Soc la llum d'un portal en Benimaclet.
Una carrera sense mans
i un ciclista sense genoll.
soc dança, carrer i foc
soc suor, amor i odi.

He de ser-ho

He sigut el que vaig voler ser?
Vull ser el que era?
La forca crema, i només se que
vull ser amb tu.

XVI

Quiero escribirte.
No a ti, quiero escribir a un mundo
donde las montañas nos engañen con sus cimas
y en la base esté la cúspide del vecino.

Pero debo escribirte.
No sé quién eres.
El viento, mi cama, la soledad o la compañía,
un verano en sudadera
o un invierno caliente.

Y sé que no es lo que eres.
Y sé que no soy lo que es.
Pero es lo que eras.
Y es lo que no fui.

Es el mundo donde los cielos me engañan
y quizá por eso no vi que ya era pájaro.
Es el mundo donde mi base
fue demasiado para mi vecino.

Supongo que te he escrito,
sé que te escribiré.
Quiero escribir más no escribirte.
Pero ya estoy exhausto.

Si te veo en el reflejo del folio y en la tinta del espejo.
En tratar de recordar cómo olvidar lo que nunca recordé.
En apagar un fuego fatuo,
cansado de no existir.

(Te) quiero escribir.
A un mundo, no a ti
donde las montañas nos engañen con sus cimas
y en la base esté la cúspide del vecino.

[3 de mayo de 2020, 10:09]

XVII

En un lugar del mar cuyo nombre no recuerdo.
Se pierden las letras a Eurídice de Orfeo.
Entre tanto verso existe mucho Prometeo,
que suele romper su roca para pedirte fuego.

Siento que soy
provocativo como Aracne.
El frío de Perséfone no lo pinta Velázquez.

Venus ya no nace,
el eco ya no sale
en un mundo de silencio
donde solo manda Hades.

Entre estas calles no existe Mr. Hyde.
Ya no queda ningún Marty McFly.
Cronos está roto porque Ananké ya no viene,
se fue con un romano que dicen que es más fuerte.

Hamlet está triste porque Ofelia es bisexual
y se ha ido con Julieta, se van a emborrachar.
Los círculos de Dante son el club de la ciudad,
pero el minotauro nunca le deja pasar.

Hubo un homicidio en la calle melancolía,
la avenida es controlada solo por una familia.
Llevan varios años sobornando a policías
y es que aquí todo el mundo tiene miedo a los Buendía.

[10 de mayo de 2020, 08:39]

XVIII

Susurra, él susurra y no lo escucho.
Clama deseos y maldiciones a un viento pesado.
Y, tras pasos de piel curtida y olor a pesadumbre,
oculta a plena luz una insatisfacción hogareña.

Llora, él llora y no se escucha.
Busca soluciones a su caos en el caos del resto.
No es consciente de su inconsciencia, pero
¿quién ve su propio desenlace?

El pasado es tiempo y el tiempo hoy es arena,
que, amontonada, supone el cimiento de un gran templo.
Pero el agua del mar, con toda su belleza,
permite al barquero entrar en esas salas.

No llora, no grita, no clama, pero sufre como nadie.
Ha absorbido en una vida diez cuerpos distintos.
Se ha olvidado del suyo.
Vivir sin esperanza es bailar con la muerte,
sabiendo que ese beso no cesará la música.

¿Y yo?
Yo grito, lloro y clamo
o guardo en silencio los ecos de estos muros.
No estoy angustiado, soy de partículas opacas.

Un contrabandista de emociones que solo prueba la muestra.

[1 de agosto de 2020, 09:10]

XIX

Quiero perderme entre sus rejas ya marcadas.
Contar cada costilla mientras asciendo a un edén
donde no hay tiempo, ni tantos ni a tientas.
Tentar a la suerte por ser más afortunado.

Quiero nombrar lo innombrable.
Vaciarme de vacío.
Y, entre las columnas de cieno,
cazar la luna en nuestra red.

Ella es tren entre estaciones. Sin destino ni hogar.
Es el pie necesitado que revuelve los arbustos.
Es. Ya es más de lo que soy.
Y, aunque no seamos nunca, soy más ser
al saber de tu ser.

Tengo sed, y no hay agua.
El chico callado resultó beber el doble
y la agotó. ¿O la agota?
Eres la gota que colma el vaso que rellenaste.

Soy, eres, son.
Seremos, fuimos, sois.
Lo que sé es
que se es más feliz al ser contigo.

[8 de agosto de 2020, 10:52]

XX

Ojos nublados por luz y agua.
Manos desgastadas por caricias nunca dadas.
Sueños, tormentos y anhelos susurran en lenguas incomprendidas.
El tiempo se resiste a avanzar.

Bienaventurado quien sepa beber de este manantial.
A veces amargo e inaccesible.
Un manantial que en sus aguas refleja las huellas del camino.
Un manantial donde descansar peleando.

Y en el fuego de la pausa
los perdidos y extrañados
brindarán en lenguas diferentes
por sus Ítacas y cíclopes.

Allá, donde los niños juegan
y el mar golpea el reloj,
se abren puertas cerradas
a cal y llanto.

Allá, donde los magos viven su hogar,
nadie pregunta por qué llueven emociones.
Juegan, entre llantos y risas,
sabiendo que fuera de ese patio
solo será lluvia.

Y es, al cesar la tormenta,
cuando bajo el sol frío del cemento
y echando el alma atrás

entiendes que hay miradas que valen una vida.

[15 de agosto de 2023, 14:07]

XXI

Tras cristales relucientes,
observa el ajeno la belleza más inverosímil,
atrapando en petróleo perfumado
la sangre corrupta del tiempo.

Observa, con sus dientes largos y brillantes,
mientras destripa motivaciones ocultas,
alimentando la incomprensión con conocimiento,
buscando destinos anacrónicos.

Se acerca la muerte
bella y temida
y con ella el olvido,
mas no hay olvido para aquello sin recuerdos.

Exprime la belleza del adiós
como un hijo hacia su padre,
ignorando que el adiós
se comprende entre iguales.

Y es ahí.
Donde el ignorante encuentra la victoria y el poema,
donde el ajeno recita versos a una luna sorda,
donde otorga de bondad e ira a la tierra seca.

Es ahí,
donde el último pétalo de una flor marchita
se deshace con el viento.

[19 de agosto de 2023, 16:22]

XXII

Ángeles, demonios.
Gotas eternas en un río rápido,
fugaz, efímero.

Huir del mundo dentro del mismo
y huir de mí dentro de otros.

La gota resiste.

Pautas y tiempos organizadamente libres.
Sonrisas e imprevistos perfectamente previstos.
Prisa con pausa, pausa sin prisa.

La gota resiste.

Noches bajo el cielo sin estrellas
donde agradecer a cada una.
Días sobre el suelo estresado.

La gota resiste.

Idioma de almas venidas de Ítacas incomprendidas.
Pasos pausados que harían parar el tiempo
y tiempo entre pasos que distorsiona su existencia.

La gota resiste.

Me gusta, lo odio.
El ser más puro.
Puro ser.

¿Acaso no está la vida misma escondida en los demás?

La gota cae.

Gotas efímeras en un río efímero.
No importa la corriente al pez adormilado.
Prisa sin pausa, pausa con prisa.

Recuerdos de unas estrellas inexistentes en el cielo.

[1 de agosto de 2024, 17:48]

XXIII

Son días
de poesía muerta y reloj sin pausa.
De estructura eficiente hasta el hartazgo.
De trucos de maestro sin escuela.

Son días
de arte muerta, fría.
De cadáver sin exquisitez
y de versos sin oyente.

Son días
de poetas corruptos,
de plumas pretenciosas
en un mundo pretencioso.

Son días
de cazadores adictos
persiguiendo con sus perros
la mera intensidad de la caza.

Son días de caretas.
Y en este baile de ignorancia
la noche acecha a plena vista.

Serán noches
largas, carentes de luz.
Noches de abejas.

Serán noches
de versos fabricados,
de arte encerrada,
de anhelo provocado.

Serán noches
entre bosques de engaño,
de cazadores exhaustos
conformados con las sobras.

Noches sin ánimas, sin comparsa.
Noches de blanca tez, sin tinta.
Noches de ausencia, de vacío.

Y entre ruido provocado y aparente nocturnidad.
Nos olvidaremos de los días que tuvimos.
Para mezclarnos, rasgando nuestro ser,
con la noche eterna.

[12 de agosto de 2024, 19:01]

ÍNDICE